バスに揺られて
# 自力で汕頭
**Tabisuru CHINA 012**
## 路線バスと船でゆく
## 汕頭と華僑の足あと

自力旅游中国

**Asia City Guide Production**

## 【白地図】汕頭と華南

**CHINA**
汕頭

## 【白地図】深圳から汕頭

**CHINA**
汕頭

深圳から汕頭

Shantou 白地図

## 【白地図】広州から汕頭

**CHINA**
汕頭

# 広州から汕頭

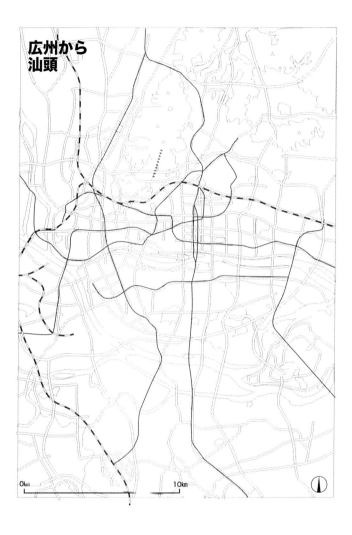

Shantou 白地図

## 【白地図】厦門から汕頭

**CHINA**
汕頭

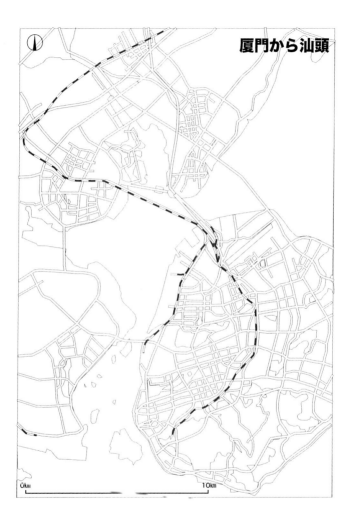

# 厦門から汕頭

Shantou

白地図

## 【白地図】潮汕駅から汕頭へ

CHINA
汕頭

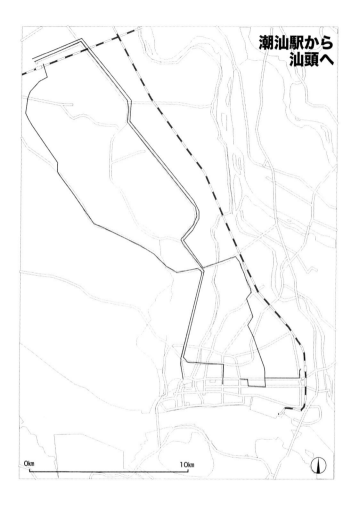

# 潮汕駅から汕頭へ

Shantou 白地図

## 【白地図】潮州新市街

CHINA
汕頭

## 【白地図】汕頭

# 汕頭 Shantou 白地図

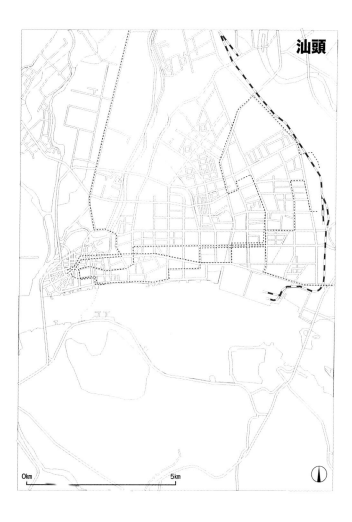

## 【白地図】汕頭8大エリア

## 【白地図】旧市街

**CHINA**
汕頭

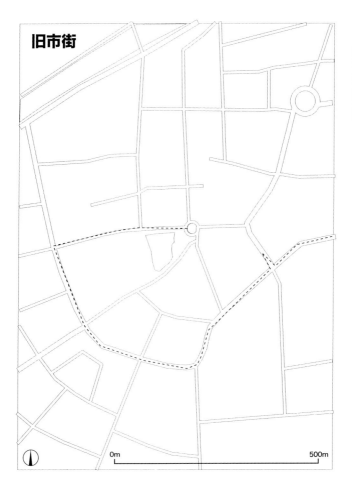

## 【白地図】汕頭バス路線図

**CHINA**
汕頭

## 【白地図】人民広場

CHINA
汕頭

## 【白地図】汕頭南岸

CHINA
汕頭

# 汕頭南岸

Shantou 白地図

**【白地図】開発区**

CHINA
汕頭

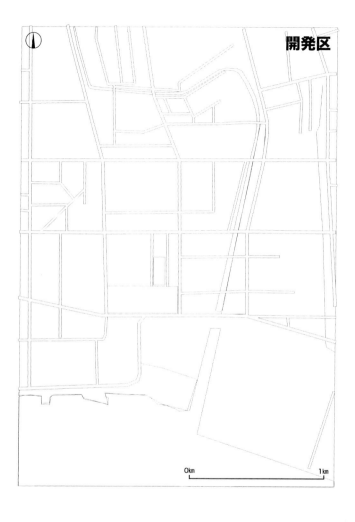

開発区

Shantou 白地図

【旅するチャイナ】
011 バスに揺られて「自力で潮州」
012 バスに揺られて「自力で汕頭」
013 バスに揺られて「自力で温州」

CHINA
汕頭

聞いたことあるけど、どんなところかわからない。汕頭（スワトウ）を前にしての第一印象です。汕頭は広東省東部の港湾都市です。この地方の中心は長いあいだ、汕頭から韓江を 35 km さかのぼったところにある潮州でした。

　アヘン戦争後の 1858 年の天津条約で、潮州の開港が決まりますが、潮州へは海からだと少し遠く、より海運の便のよい汕頭の地が注目されました。1860 年、イギリスなどの西欧諸国は条約を拡大解釈し、潮州の外港として汕頭が開港されたのでした。

# バスに揺られて
# 自力で汕頭
Tabisuru CHINA 012

　こうして、ほとんど何もなかった汕頭の発展がはじまります。韓江デルタには、歴史名城の「潮州」と、城壁をもたない埠頭を中心とした港町「汕頭」というふたつの都市がならび立つようになったのです。さて、それでは老埠頭文化の残る汕頭をご案内したいと思います。

## 【自力旅游中国】
## Tabisuru CHINA 012 自力で汕頭

### 目次

| | |
|---|---|
| 自力で汕頭 | xxviii |
| 汕頭どんなとこ？ | xxxii |
| まずは潮汕へ行こう | xli |
| 潮汕や潮州から汕頭へ | liv |
| 汕頭ざっくり紹介 | lxv |
| 歩こうオールドスワトウ | lxxx |
| 路線バスで移動する | xc |
| 汕頭南岸行ってみよう | c |
| 開発区と汕頭郊外行こう | cxii |
| 汕頭から次の街に行こう | cxvii |
| あとがき | cxxii |

# 【MEMO】

# 汕頭
# どんな
# とこ？

**CHINA**
汕頭

ほとんど何もなかった砂州
韓江デルタの運ぶ堆積物を足下に
汕頭は近代以降飛躍的に発展していきます

### 汕頭のかんたんな説明

近代、イギリスをはじめとする西欧列強は中国に進出し、1840〜42年のアヘン戦争に敗れた清朝（中国）は沿岸部数都市の開港を決めます。このとき以来、イギリスや西欧の拠点が上海や香港におかれ、街が急速に発展したのは有名です。そして、汕頭は上海や香港に遅れること20年ほど、1860年に開港されます。以来、汕頭の発展ぶりはすさまじいものでした。古くから潮州、汕頭地域は海に面した立地柄で、華僑（海外に進出する中国人）を生んできましたが、汕頭の開港とともにこの流れは加速。とくに多くの潮州人が汕頭から東南ア

ジアへと旅立っていきました。こうして汕頭は「華僑が旅立つ港町」というイメージで語られ、東南アジアとくにタイのバンコクとつながりの深い街と知られるようになりました。

**汕頭ってスワトウのこと？？**
少し中国に親しみのあるかたなら、汕頭と書いて「スワトウ」と呼びならわされていることをご存知でしょう。そして、この汕頭は本来、中国語（普通語）では「シャントゥ shàn tóu」と発音することもご存知でしょう。汕頭を「スワトウ」と読むのは、現地の潮州語（方言）に由来するもので、日本

CHINA
汕頭

となじみのある港町は多く、普通語ではなく、この現地音（現地の人が使っていた言葉をそのまま使う）で親しまれています。「寧波（ニンポー）」「香港（ホンコン）」「上海（シャンハイ）」などがそれにあたるでしょうか？？　一方、潮州は「チャオチョウ」ではなく「ちょうしゅう」、広州は「グゥアンチョウ」ではなく、「こうしゅう」と呼ばれていますので、日本人にとって汕頭は前者のグループに属する街だということがわかります。また簡体字では汕頭は「汕头」と表記されますので、憶えておくとバス停などで役に立ちます。

# 汕頭と華南

**CHINA**
汕頭

## 汕頭と日本人

では、汕頭は日本人にとってそんなに馴染み深い街なのでしょうか？ そう尋ねられると、少し首をかしげたくもなります。しかし、記録をたどっていくと、この街には日本人の大きな足跡が残っていることに気づきます。まず1860年に汕頭が開港してから、40年ほどが過ぎた1902〜03年には、汕頭の貿易高は上海、漢口、天津、広東、大連についで中国第6位だったとのことです。日本が植民地化した台湾の対岸にあり、福建省と広東省の海岸地帯、そして韓江を通じて内陸部に続く汕頭には、20世紀初頭、日本の領事館もあった

▲左　1920〜30年代に建てられた建物が多く残る。　▲右　汕頭は広東省東部を代表する港町

ようです。そして、この地方の名物「スワトウ・ハンカチーフ」はとくに日本人の年配のかたがたにとって親しみ深いものだった、と言われます。戦前、多くの日本人が暮らしていた「アカシヤの大連」や「李香蘭の活躍する上海」と同意義で語られるのが汕頭であった、というのです。

汕頭

## 汕頭の復活

1949年に中華人民共和国が設立してから、1978年の日中平和友好条約締結まで、両国間の往来が限定的だったこともあり、日本人にとって長らく汕頭は忘れ去られた存在だったのかもしれません。こうしたなか1978年以降の改革開放を受けて、汕頭には深圳、珠海、厦門とともに経済特区がおかれることになりました。改革開放とは、それまで計画経済のもと進めていた国づくりに、資本主義の制度や要素をとり入れるという方針の大転換です。この大転換にあたって、香港すぐ北の「深圳」、マカオ隣りの「珠海」、台湾対岸の「厦門」

## Shantou 汕頭どんなとこ?

というように、資本主義社会に隣接する街が経済特区に選ばれています。そして、汕頭の場合は、この港から旅立ち、東南アジアを中心に成功をおさめた多くの潮州華僑（同胞）の投資が見込まれてのことでした。このような経緯をもつ汕頭。長くなりましたが、これから汕頭へのアクセス情報を記していきたいと思います。

**【MEMO】**

# まずは潮汕へ行こう

汕頭への玄関口は多くの人にとって
高鉄の潮汕駅になるでしょう
そこから汕頭までのバスが出ています

### 汕頭へ行こう

この章で記す内容は、『Tabisuru CHINA 011 自力で潮州』と重なる内容であることをご承知おきください。というのは、汕頭へのアクセスは中国版新幹線こと高鉄がもっとも便利。そして、高鉄の潮汕駅は潮州と汕頭の中間にあり、汕頭へ行く場合も、潮州へ行く場合も、潮汕駅を利用することになるからです。汕頭へは、香港のすぐ北側の「深圳」、広東省の省都「広州」と福建省南部の港町「廈門」がアクセス起点になります。これらの街から、高鉄に乗ると、汕頭最寄りの「潮汕駅」まで1時間半〜3時間程度。ほかに、各地から在来線

や中距離バスも出ていますが、汕頭まで4〜8時間程度を要しますので、高鉄に乗ることを第一に考えるとよいでしょう。

**深圳から汕頭**

・高鉄で。「深圳北駅」から「潮汕駅」まで2時間半程度。頻繁に出ている

・鉄道で。「深圳駅」から「汕頭駅」まで8時間程度。途中、乗り継ぎが必要だとも

・バスで。「羅湖バスターミナル(羅湖汽車站)」「福田バスターミナル（福田汽車站)」など各地から出発。5時間程度

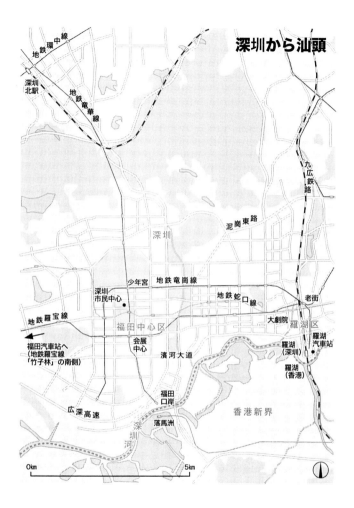

汕頭

## 広州から汕頭

・高鉄で。「広州南駅」から「潮汕駅」まで3時間程度。1〜2時間に1、2本程度。「広州東駅」からの便もある模様

・鉄道で。「広州駅」から「汕頭駅」まで8時間程度

・バスで。「広州バスターミナル（广州汽车客运站）」や「天河バスターミナル（天河客运站）」から「汕頭バスターミナル（汕头市汽车客运中心站）」まで6時間程度

汕頭

## 厦門から汕頭

・高鉄で。「厦門北駅」から「潮汕駅」まで1時間に1本程度。1時間半程度

・鉄道で。「厦門駅」から「潮州駅」まで8時間以上。途中で乗り換えの必要も

・バスで。「湖濱バスターミナル(湖滨汽车站)」から「汕頭バスターミナル(汕头市汽车客运中心站)」まで4時間程度

# 厦門から汕頭

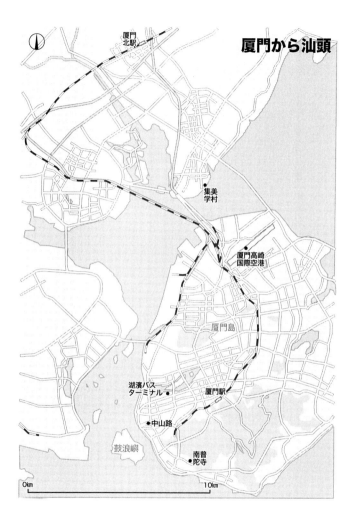

Shantou　まずは潮汕へ行こう

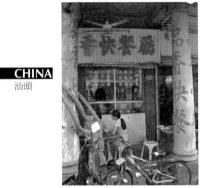 

▲左　汕頭料理は海鮮が中心　▲右　騎楼と呼ばれるアーケード式の建築

## 潮州から汕頭

・「潮州バスターミナル(潮州汽车总站)」か「潮州客運バスターミナル（潮州客运中心枢纽站）」から乗車する

・「潮州バスターミナル（潮州汽车总站)」で乗ったところ、汕頭に行く前に「潮州客運バスターミナル（潮州客运中心枢纽站）」で新たに乗客をピックアップしていた

・15元、所要1時間程度。一定の割合で便は出ている

・行き先は「汕頭バスターミナル（汕头汽车总站)」「汕頭中旅客運ターミナル（汕头中旅客運站)」など順番に停まっていった

## 【MEMO】

CHINA
汕頭

**今回の旅程**

ここで今回の旅程を記したいと思います。汕頭への旅は、多くのかたがそう考えておられるように潮州と一緒にまわりました。「潮州バスターミナル（潮州汽车总站）」から朝7時ごろの便で「汕頭バスターミナル（汕头汽车总站）」へ。汕頭バスターミナルからは、徒歩、バイタク、路線バスを駆使して観光しました。汕頭に観光名所ってあるのかな？　と思っていたのですが、予想に反していろいろ観ることができました（単純な観光地となるとやはり潮州のほうが見どころは多いです）。そして、汕頭市街から船（チュゥアン）で対岸の「礐

Shantou

まずは潮汕へ行こう

石」に渡りました。汕頭観光を終えると、「汕頭中旅客運ターミナル（汕头中旅客运站）」から潮州まで帰りました（潮州への帰り道の途上に、高鉄の潮汕駅があります）。そのため、この旅行ガイドは、１，実際に歩き、路線バスに乗って調べた情報、２，バス停や駅で調べた情報、３，公式ページなどで記されている伝聞情報から構成されます。

# 我想坐
# 高铁去潮汕

[見せる中国語]
wǒ xiǎng zuò gāo tiě qù cháo shàn
ウォシィアンズゥオ・ガオティエ・
チュウチャオシャン
私は「中国版新幹線（高鉄）」
で潮汕（汕頭）に行きたい

我想去
汕头

[見せる中国語]
wǒ xiǎng qù shàn tóu
ウォシィアンチュウ
シャァントォウ
私は汕頭に
行きたい

# 潮汕や
# 潮州から
# 汕頭へ

CHINA
汕頭

高鉄の潮汕駅から汕頭までは25 km
潮州からは35 kmの距離です
さあ汕頭へ向かいましょう

### 潮汕駅から汕頭へ

多くの旅人にとって、汕頭への玄関口となるのが中国版新幹線の潮汕駅です。文字通り潮州と汕頭のちょうどあいだにある駅で、駅の周囲はわずかに売店（屋台）があるものの、街らしい街は見あたりません。ここから汕頭に向かう必要があります。汕頭行きのバス乗り場は、潮汕駅の北口を出てすぐのところ。汕頭行きと潮州行きの路線バスがそれぞれ待機しています。

Shantou 潮汕や潮州から汕頭へ

### 汕頭行きのバスは数種類

汕頭行きの路線は、大きく3つあります。汕頭駅や開発区など新市街へ行く「東線（東1線が汕頭駅、東2線が開発区）」、汕頭旧市街へ行く「西線（西1線、2線ともに汕頭バスターミナル、中旅バスターミナルを通る）」、その中間の汕頭中心部へ行く「181路」です。ビジネスなどで、汕頭に行かれるかたは「東線」、旅行者の場合は「西線」に乗ることをおすすめします。とくに汕頭の観光起点となるのが、旧市街まで近い「汕頭バスターミナル（汽车总站）」です。この「汕頭バスターミナル（汽车总站）」行きがなければ、「中旅バスター

汕頭

ミナル(中旅汽车客运站)」行きに乗りましょう。汕頭駅や客运中心站行きでは観光地からかなり遠くなってしまうのでお気をつけください。

[アクセス情報] 東1線
・所要1時間、最大18元
・潮汕站 潮汕站〜水果市場 水果市场〜五鉱物流城 五矿物流城〜花園賓館(珠峰路) 花园宾馆(珠峰路)〜明珠広場(外企航空) 明珠广场(外企航空)〜天馳帝豪(星湖商業城) 天馳帝豪(星湖商業城)〜客運中心站 客运中心站

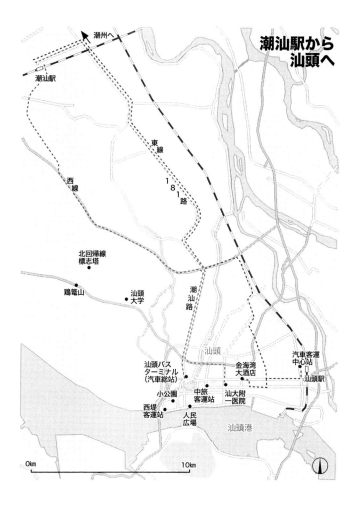

[アクセス情報] 東 2 線

・所要 1 時間、最大 18 元

・潮汕站 潮汕站～水果市場 水果市场～五鉱物流城 五矿物流城～花園賓館（珠峰路）花园宾馆（珠峰路）～明珠広場（外企航空）明珠广场（外企航空）～維也納酒店（丹霞荘）维也纳酒店（丹霞庄）～金海湾大酒店（会展中心）金海湾大酒店（会展中心）

[アクセス情報] 西 1 線

・所要 1 時間、最大 18 元

・潮汕站　潮汕站〜東山湖　东山湖〜岐山客運站　岐山客运站〜電視塔　电视塔〜汽車総站　汽车总站〜西堤客運站　西堤客运站〜中旅客運站　中旅客运站

[アクセス情報] 西2線
・所要1時間、最大18元
・潮汕站　潮汕站〜東山湖　东山湖〜電視塔　电视塔〜汽車総站　汽车总站〜中旅客運站　中旅客运站〜金鳳寵物市場　金凤宠物市场〜東厦北路　东厦北路〜広厦新城　广厦新城

**CHINA**
汕頭

### [アクセス情報] 181 路

・所要 1 時間、10 元

・沙渓高鉄（潮汕站）沙溪高铁（潮汕站）〜金石　金石〜大寨　大寨〜庵埠竹囲　庵埠竹围〜月浦　月浦〜華新城　华新城〜岐山　岐山〜金鳳路東（油樟路口）金凤路东（油樟路口）〜百花路口　百花路口〜東厦中学　东厦中学〜汕大附一医院　汕大附一医院

・汕大附一医院から「汕頭中旅客運ターミナル（汕头中旅客運站）」まで、長平路を通って西に徒歩 1200m、15 分

▲左　潮汕駅前の料理店、食材は冷凍してあった　▲右　汕頭市街行きの181路

## 潮州から汕頭

続いて、汕頭と言わば双子都市にあたる潮州から汕頭への行きかたです。潮州から汕頭行きのバスは15元です。所要1～1時間半。「潮州バスターミナル（潮州汽车总站）」か「潮州客運バスターミナル（潮州客运中心枢纽站）」から乗車します。「潮州バスターミナル（潮州汽车总站）」から乗ったバスが、「潮州客運バスターミナル（潮州客运中心枢纽站）」で乗客をピックアップしていきました。潮汕路をひたすら南に走り、途中、高鉄の「潮汕駅」を通過します。汕頭へはまず「汕頭バスターミナル（汕头汽车总站）」に着きますが、旧市

**CHINA**
汕頭

街に近いため、いきなりここで降りるのをおすすめします。その後、バスは「汕頭中旅客運ターミナル(汕头中旅客運站)」など順番に停まっていくようでした。

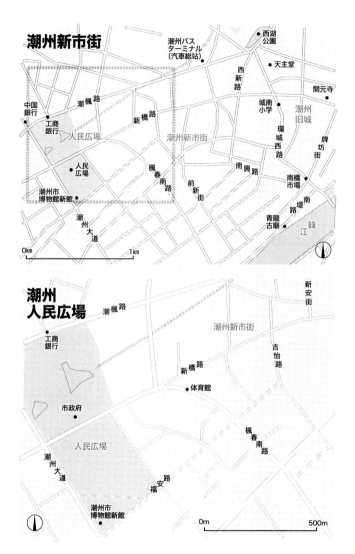

## 【MEMO】

# 汕頭
# ざっくり
# 紹介

汕頭港をはさんで北岸と南岸からなる汕頭
それぞれの時代ごとに
新しく街がつくられてきました

### 汕頭ってどんな街？？

汕頭は韓江デルタの港町です。北から流れてくる韓江と、西から榕江が河口で合流する地点に開けています。汕頭あたりは無数の流れが南海にそそぎますので、やや湿気っぽく、砂州のうえに街ができたと言います。汕頭を紹介するにあたって、「一湾両岸」という言葉があります。「汕頭港」をはさんで、北岸の「市街地」、南岸の「礐石」。そして、両岸を「汕頭礐石大橋」と「汕頭海湾大橋」のふたつの巨大な橋と船が結んでいます。北岸の市街地は、汕頭黎明期には、西端に街（旧市街）があったのですが、そこから東（崎碌）に、東（開

汕頭

発区)に、街が拡大していきました。

**汕頭市街では広場に注目しよう**

汕頭にはいくつかの広場が見られます。なんと言っても有名なのが、港町汕頭を代名詞と知られた五叉路の「小公園」。「小公園」のある旧市街がオールド・スワトウ、「人民広場」のある崎碌がニュー・スワトウ、「時代広場」のある開発区がニュー・ニュー・スワトウと、3つの中心があると言えます。近代化の進んだ19世紀後半(オールド・スワトウ)、中華人民共和国が設立した20世紀中盤(ニュー・スワトウ)、改革

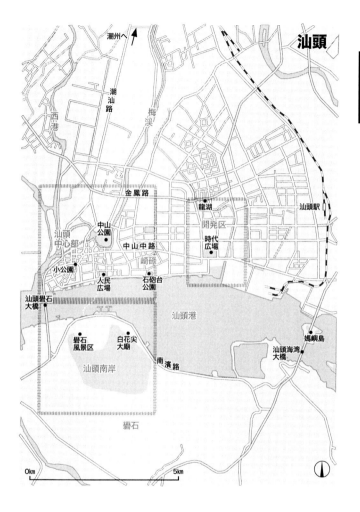

▲左　20世紀末の改革開放にあわせてつくられた開発区。　▲右　対岸の礐石ではのどかな南国の風景が広がる

開放のはじまった20世紀後半（ニュー・ニュー・スワトウ）とそれぞれ半世紀ごとに、その時代を象徴する新たな広場と街がつくられているのですね。

## 【MEMO】

### 汕頭8大エリア

続いて汕頭8大エリアです。まず中国版新幹線こと高鉄の「潮汕駅」です。次に街の入口にあたる「汕頭バスターミナル(汕头汽车总站)」、旧市街の中心地「小公園」、対岸の礐石へのフェリーが出ている「人民広場」、汕頭港南岸の「礐石埠頭」、開発区の中心にあたる「時代広場」、在来線の「汕頭駅」、「汕頭中旅客運ターミナル(汕头中旅客運站)」の8つです。

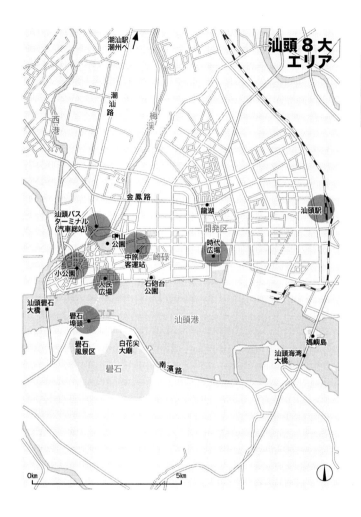

[見せる中国語]
wǒ xiǎng qù xiǎo gōng yuán
ウォシィアンチュウ
シャオゴォンユゥエン
私は小公園に行きたい
我想去
小公园

[見せる中国語]
wǒ xiǎng qù shàn tóu huǒ chē zhàn
ウォシィアンチュウ
シャァントォウフゥオチャアヂャァン
私は汕頭駅に行きたい

我想去
汕头火车站

# 歩こう
# オールド
# スワトウ

汕頭最大の見どころが旧市街
レトロな建築群と汕頭の小吃
オールド・スワトウに出かけましょう

## 小公園に行ってみよう

オールド・スワトウこと旧市街の中心にあるのが小公園です。小公園とはなんとも不思議な名前ですが、ここが汕頭の街歩きの起点になります。多くの旅人にとって「汕頭バスターミナル（汽车总站）」が汕頭第一歩の場所になることでしょうから、「汕頭バスターミナル（汽车总站）」からまず小公園に行ってみましょう。小公園へは路線バス7路で終点の「小公園」。もしくは「汕頭バスターミナル（汽车总站）」あたりにはバイタクやオート三輪車が待機していますので、それに乗って「小公園」に行くのもよいでしょう（8～10元程度）。

歩こうオールドスワトウ

徒歩でも 1700m22 分の距離です。

**小公園って・・・**

小公園は5つの通りが放射状に伸びる小さな広場です。汕頭を代表する永和、永泰、永興、永安、昇平の通りが集まり、かつては汕頭のにぎわいを「四永一昇平」と呼んだそうです（現在、通り名は少し変わっています）。このあたりには1920〜30年代に建てられたレトロな建築がずらりとならびます。レトロというとオシャレなイメージがありますが、ややすさんでいる印象さえ受けます。1階がアーケードになっ

汕頭

ていて、2階と3階が住居になっている騎楼という建築は、広州や厦門など中国東南沿岸部でよく見られるタイプの様式です。東南アジアや世界各地に出かけて成功した華僑が故郷に錦をかざる意味で、建てたと言います。

**時間があったらつまんでみたい**

小公園界隈にはいくつかの名物小吃店が位置します。汕頭は潮州とならんで潮州（汕頭）料理の本場ですので、ぜひとも何店舗かをはしごしつつ、汕頭の料理を味わいたいですよね。まず、小公園近くの「飄香小食店（飘香小食店）」です。い

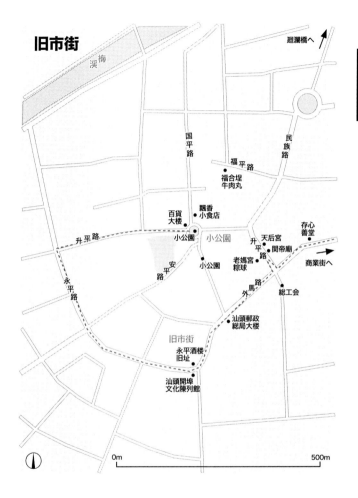

汕頭

ろんな料理を出しますが、開発区時代広場にある同名店で「牡蠣のお好み焼き」を食べたところとてもおいしかったです。続いて汕頭名物のゆで肉団子の「福合埕牛肉丸（福合埕牛肉丸）」、そして天后宮前に位置するチマキを出す「老媽宮粽球（老妈宫粽球）」などが人気のようです。

### ぐるりと歩いてみよう

小公園を起点にぐるりと汕頭旧市街を歩いてみましょう。1920〜30年代に建てられたレトロ建築と汕頭を代表する通りが集まりますので、チェックしながら街歩きをお楽しみく

▲左　天后宮と関帝廟がならぶ。　▲右　小公園から汕頭旧市街の街歩きをはじめてみよう

ださい。「百貨大楼」のある「小公園」から「升平路」を西に。この通りは青空市場があって楽しめますが、「永平路」で南側に折れましょう。湾曲する永平路を進むと突きあたりの両側に「永平酒楼旧址」と「汕頭開埠文化陳列館」があります。ここから「外馬路」を北東に進みましょう。少し行くと「汕頭郵政総局大楼」があり、そこから北に少し入った「升平路」に「天后宮」と「関帝廟」がならんでいます。ここは1860年の開港以前から市場があったという由緒正しい場所ですので、要チェックですね。さて「外馬路」に戻ると、ど派手な建築の「存心善堂」が見えます。とにかくど派手で、汕頭を

象徴する建築のひとつとなっています。さらに外馬路を進むと、4階建ての教会が見えますが、その少し手前の通り（路地）を南に進んでみましょう。そこは汕頭人の台所とも言える「商業街」となっています。もの売りたちがとれたての海鮮をならべて客とやりとりする姿などが見えました（午前訪問）。

[DATA] **小公園** 小公园
**xiǎo gōng yuán シャオゴォンユゥエン**

・24時間

▲左　露店、行き交う人びとが見られる旧市街のひとコマ。　▲右　汕頭人による互助組織の存心善堂

[DATA] **天后宮** 天后宫 tiān hòu gōng ティエンホォウゴォン

・調査時は無料

[DATA] **関帝廟** 关帝庙 guān dì miào グゥアンディイミィアオ

・調査時は無料

・天后宮の隣

[DATA] **存心善堂** 存心善堂 cún xīn shàn táng ツゥンシィンシャンタァン

・調査時は無料

# 路線バスで移動する

CHINA
汕頭

汕頭で路線バスが活躍するのは
東西の移動
路線バスに乗って新市街へ向かいましょう

### 汕頭のアクセス案内

汕頭旧市街を観光するには徒歩で充分ですが、旧市街から人民広場や開発区へ向かうときに路線バスが活躍します。一言で言えば、汕頭路線バスは「東西を横断するとき」に乗ります。なお対岸の礐石へは人民広場前(広場輪渡)からフェリーが出ていますので、人民広場に向かいましょう。

Shantou 路線バスで移動する

**いま「汕頭バスターミナル（汽车总站）」**

→つぎ小公園。7路で「小公園（小公园）」

→つぎ人民広場。36路で「人民広場（人民广场）」

→つぎ時代広場（開発区）。28路で「会展中心（会展中心）」


**いま「小公園」**

→つぎ人民広場。天后廟近くの「総工会（总工会）」から12路や19路で「広場輪渡（广场轮渡）」

→つぎ時代広場(開発区)。14路で「時代広場南(时代广场南)」

→つぎ汕頭バスターミナル。7路で「汕頭バスターミナル(汽车总站)」

汕頭

### いま「人民広場」

→つぎ小公園。「広場輪渡（广场轮渡）」から12路や19路で天后廟近くの「総工会（总工会）」

→つぎ時代広場（開発区）。「広場輪渡（广场轮渡）」から12路で「会展中心（会展中心）」

→つぎ汕頭バスターミナル。36路で「汕頭バスターミナル（汽车总站）」

▲左　時代広場に立つモニュメント。　▲右　路線バスが新市街と旧市街を結ぶ

### いま「時代広場（開発区）」

→つぎ小公園。「時代広場南（时代广场南）」から14路で「小公園（小公园）」

→つぎ人民広場。「会展中心（会展中心）」から12路で「広場輪渡（广场轮渡）」

→つぎ汕頭バスターミナル。「会展中心（会展中心）」から28路で「汕頭バスターミナル（汽车总站）」

# CHINA
汕頭

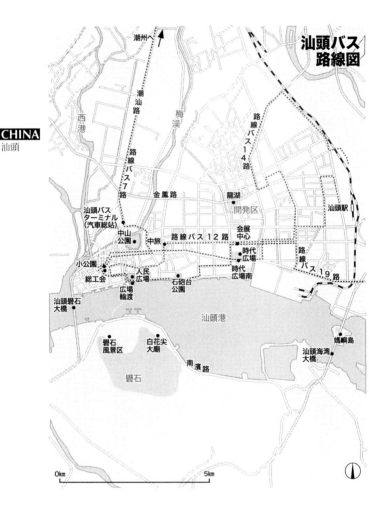

汕頭

[DATA] 路線バス7路

・7時～19時、2元

・潮安汽車站 潮安汽车站～開濠 开濠～灰路頭 灰路头～振興路 振兴路～長春路 长春路～竹囲郷 竹围乡～鉄橋 铁桥～葫芦市 葫芦市～硯前 砚前～月浦 月浦～月浦中 月浦中～西隴 西陇～華新城 华新城～岐山中学 岐山中学～中岐 中岐～下岐 下岐～農業科技園 农业科技园～電視塔 电视塔～光華路口 光华路口～汽車総站北 汽车总站北～○汕頭バスターミナル 汽车总站～大華路中 大华路中～花園裏 花园里～公園頭 公园头～金鳳壇 金凤坛～○小公園 小公园

路線バスで移動する

## ［DATA］路線バス 12 路

・6 時〜 19 時半、1 元

・○広場輪渡　广场轮渡〜工人文化宮　工人文化宫〜○総工会　总工会〜新華　新华〜市政府　市政府〜新興路　新兴路〜東征紀念館　东征纪念馆〜中心医院　中心医院〜華僑大廈　华侨大厦〜体育学校　体育学校〜東厦南路口　东厦南路口〜梅園　梅园〜菊園　菊园〜○会展中心　会展中心〜丹霞荘　丹霞庄〜国新花園　国新花园〜新城市広場　新城市广场〜卜蜂蓮花　卜蜂莲花〜豊沢花園　丰泽花园〜広興村　广兴村〜広興村東　广兴村东〜黄山路中　黄山路中〜経緯広場　经纬广场　〜客運中心

汕頭

客运中心～火車路 火车路

**[DATA] 路線バス14 路**

・6時～23時、1元
・珠津工業区 珠津工业区～收容站 收容站～辛厝寮 辛厝寮～珠津路口 珠津路口～陳厝合東 陈厝合东～泰山路口 泰山路口～黄河路東 黄河路东～竜新工業区 龙新工业区～陳厝合 陈厝合～陳厝合西 陈厝合西～緑茵荘東 绿茵庄东～林百欣科技中専 林百欣科技中专～長城招待所 长城招待所～春沢荘 春泽庄～豊沢荘西 丰泽庄西～新城市広場 新城市广场～

国新花園 国新花园～天山路南 天山路南～海濱花園 海滨花园～○時代広場南 时代广场南～中区大厦 中区大厦～東方公園 东方公园～金新路口 金新路口～陵海招待所 陵海招待所～汕頭一中 汕头一中～春梅裏 春梅里～花園裏 花园里～公園頭 公园头～金鳳壇 金凤坛～○小公園 小公园

# 汕頭南岸
# 行って
# みよう

汕頭港を住来するフェリー
人民広場南の乗り場から
対岸の礐石に向かいます

**礐石へ行ってみよう**

汕頭対岸の礐石へ渡るには、「汕頭バスターミナル（汽车总站）」か「西堤客運站」から路線バス11路を使うか、人民広場からフェリーに乗ります。で、断然おすすめなのが汕頭港を行くフェリーに乗るほうです。人民広場の南側にあるフェリー乗り場から20分に1本対岸の礐石へのフェリーが出ています。美しい姿を見せる汕頭礐石大橋、港を住来する大型タンカー、漁船など、汕頭港の風景は汕頭最高の見どころと言っても過言ではありません。

## Shantou 汕頭南岸行ってみよう

### ［DATA］広場〜礐石のフェリー

・朝6時20分〜20時まで、20分に1本

・1元

・乗客、バイクなどが乗り込む

## 礐石で注意すること

礐石に行ったものの、ここに一体何があるの？　人口密度が半端なく低いのだけど。。。という印象をもたられるかたもいるかもしれません。それだけではありません。フェリーが着く時間には礐石側のフェリー乗り場にも、バイタクがたむろ

# CHINA
汕頭

するものの、すぐにいなくなり、バスの本数もきわめて少ない。そのため、礐石ではなにをするか、あらかじめしっかりと決めてから渡ったほうがよいと思います。対岸の礐石は港をはさんだだけなのに、空気感や植生やその他諸々が汕頭市街とはまた異なる雰囲気をもっていました。礐石風景区、天壇花園、白花尖大廟などが観光のポイントです。考えようによっては、また次のフェリーで汕頭市街（人民広場）に戻るというのも手のひとつだと思いました。礐石にはなにもないと言っているのではなく、そのぐらい汕頭港のクルーズが素晴らしいのです。

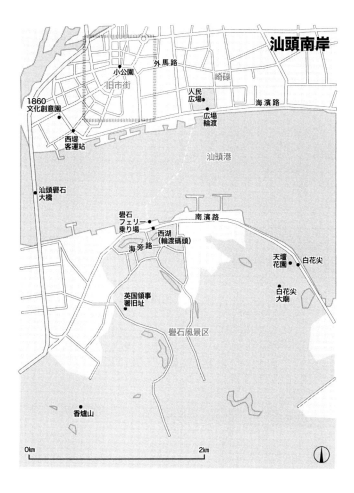

▲左　礐石風景区、山稜に楼閣が小さく見える。　▲右　フェリーの到着を待つ人たち

## [DATA] 礐石風景区 礐石风景区
què shí fēng jǐng qū　チュエシイフェェンジィンチュウ

・各景区ごとにチケットを買う


## [DATA] 天壇花園 天坛花园
tiān tán huā yuán　ティエンタァンフゥアユゥエン

・5元

・礐石フェリー乗り場のある「西湖」から37路か49路で「白花尖」

# 【MEMO】

汕頭

[DATA] **白花尖大廟** 白花尖大庙
**bái huā jiān dà miào** バァイフゥアジィアンダアミィアオ

・天壇花園と同位置にある

Shantou 汕頭南岸行ってみよう

## 市街部へ戻ろう

礐石から汕頭市街部へ戻るには、フェリーや路線バス11路などの方法があるものの、天壇花園あたりは本当に交通の便が悪いです。調査時はしばらく待って、路線バス49路に乗り、媽嶼島にかかる汕頭海湾大橋を通って、市街部開発区へと向かいました。この49路は20分ぐらい待ってようやく来たのを憶えています。たしか、対岸に渡るかどうかで、料金が違い、「白花尖」から「時代広場（開発区）」まで4元でした。

[見せる中国語]
wǒ xiǎng qù què shí fēng jǐng qū
ウォシィアンチュウ
チュエシイフェンジィンチュウ
私は礐石風景区に行きたい

# 我想去礐石风景区

［見せる中国語］
wǒ xiǎng qù tiān tán huā yuán
ウォシィアンチュウ
ティエンタァンフゥアユゥエン
私は天壇花園に行きたい
我想去
天坛花园

[見せる中国語]
wǒ xiǎng qù bái huā jiān dà miào
ウォシィアンチュウ
バァイフゥアジィアンダアミィアオ
私は白花尖大廟に行きたい

我想去
白花尖大庙

[見せる中国語]
wǒ xiǎng qù
běi huí guī xiàn biāo zhì tǎ
ウォシィアンチュウベェイフゥイ
グゥイシィエンビィアオチイタア
私は北回帰線標志塔に行きたい

# 我想去
# 北回归线
# 标志塔

# 開発区と汕頭郊外行こう

CHINA
汕頭

20世紀末の改革開放を受けて
新たに整備された開発区
広大な緑地をもつ時代広場があります

**開発区って何がある？？**

汕頭東部は、旧市街と違って、きわめて整然とした街並みが広がっています。20世紀末以来、開発されたところで、マンションやショッピング・モールもならんでいます。そして、その中心に時代広場が位置します。ところで、この開発区に何がある？ と言われると、旅行者的にはあまり何もないかもしれません。けれども、一流ホテル、レストラン、展覧会場など、ビジネス客にとっては、開発区が汕頭のメインとなることでしょう。また地元の汕頭人に人気のテーマパーク「方特歓楽世界・藍水星」もこちらに位置します。

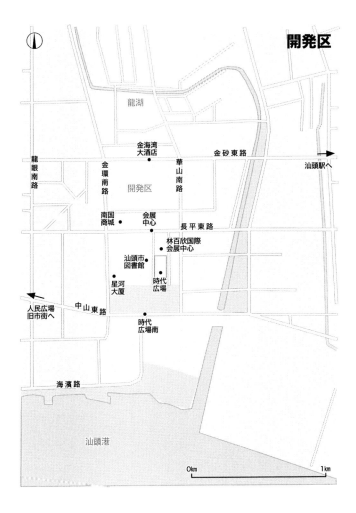

汕頭

### 北回帰線標志塔へ

汕頭でもうひとつ忘れてはならないのが、中国沿岸部で唯一、北回帰線の走る街だということです。北回帰線は北緯23度27分を横切り、夏至の日、この北回帰線が太陽直下となります（地球の自転軸が23度27分傾いているため）。そして、汕頭郊外には北回帰線標志塔が立つのですが、自力で行くのはきわめて難しい場所に位置します。途中の汕頭大学や最寄りのバス停まで、路線バスで行き、あとはタクシーで往復。か、思い切って汕頭市街からタクシー利用をおすすめします。そのため、この区間は路線バスには乗っていませんが、汕头汽

▲左　牡蠣のお好み焼きとスープ。　▲右　汕頭は華僑を通じて東南アジアと関係が深い

車客运总公司の情報をもとに17路の路線を記しておきたいと思います。北回帰線標志塔への最寄りバス停は「鶏篭山(鸡笼山)」で、そこから直線距離で2kmの道程となります。

## [DATA] 路線バス17路

・6時半〜18時半

・2元

・○人民広場　人民广场〜工人文化宮　工人文化宫〜総工会　总工会〜金鳳壇　金凤坛〜公園頭　公园头〜花園裏　花园里〜大華路中　大华路中〜○汕頭バスターミナル　汽车总站〜汽車

# CHINA
汕頭

総站北 汽车总站北～光華路口 光华路口～電視塔 电视塔～大学路頭 大学路头～北郊公園 北郊公园～安居工程 安居工程～楽業園 乐业园～橋頭 桥头～鮀浦 鮀浦～鮀中路口 鮀中路口～竜泉岩 龙泉岩～七日紅公園 七日红公园～○汕頭大学 汕头大学～精神衛生中心 精神卫生中心～国防基地 国防基地～交警考場 交警考场～三和公司 三和公司～蓮塘 莲塘～○鶏篭山 鸡笼山～蓮塘新遼 莲塘新辽

# 汕頭から次の街に行こう

汕頭を満喫したら
潮州や広州、厦門などに帰りましょう
帰りの起点も汕頭バスターミナル（汽车总站）

### 汕頭から潮州へ

潮州へは「汕頭バスターミナル（汕头汽车总站）」、「汕頭中旅客運ターミナル（汕头中旅客運站）」あたりから帰ることになります。料金は15元。「汕頭中旅客運ターミナル（汕头中旅客運站）」に乗ったバスは、「汕頭バスターミナル（汕头汽车总站）」で乗客をピックアップ。そして潮汕路をひたすら北に走って、「潮州バスターミナル（潮州汽车总站）」に着きました。所要時間は1時間半弱だったと思います。

汕頭

### 高鉄の潮汕駅へ

広州や深圳、厦門へは汕頭市街から25 km離れた潮汕駅に行く必要があります。こちらは旅先で未確認の伝聞情報ですが、高鉄の切符は汕頭市街の在来線の「汕頭駅」や「汕頭中旅客運ターミナル（汕头中旅客運站）」でも買えるとありました。潮州では、「潮州バスターミナル（潮州汽车总站）」そばに高鉄のきっぷ売り場がありましたので、汕頭でも同様に市街部で高鉄のきっぷが買えるのは自然なように思います。ちなみに、きっぷだけ買える売り場を「代售点」と呼びます。

[見せる中国語]
wǒ xiǎng qù shēn zhèn
ウォシィアンチュウ
シェンチェン
私は深圳に行きたい
我想去
深圳

[見せる中国語]
wǒ xiǎng qù guǎng zhōu
ウォシィアンチュウ
グゥアンチョウ
私は広州に行きたい

# 我想去广州

[見せる中国語]
wǒ xiǎng qù xià mén
ウォシィアンチュウ
シャアメェン
私は厦門に行きたい

# 我想去厦门

汕頭

**あとがき**

　汕頭(スワトウ)という街のことをご存知でしたでしょうか？　私は汕頭を旅するまで、この街のことをほとんど知りませんでした。

　汕頭を旅するにあたって、国会図書館の検索窓から「汕頭」という言葉をたたくと、1927年出版の『新汕頭』(内田五郎/臺灣總督官房調査課)、1939年出版の『汕頭の一般概況』(臺灣總督官房外務部)、1941年出版の『汕頭港』(東亞海運株式會社營業部企畫課)などが出てきました。

# Shantou　あとがき

　「汕頭」という文言がタイトルに冠され、この港町をテーマにした日本語の書籍が戦前こんなに存在していたとは、21世紀の日本では考えづらいことかもしれません。

　こうした調査が日本の南方進出とともに国策で行なわれ、その記録が残っていることに驚きながら、汕頭での旅行プランをねりました。

　「路線バスで旅する」と言いながらも、潮州同様、汕頭で活躍したのは何と言ってもバイタクです。亜熱帯の気候のなか、風を切って走るバイタクの心地よさ。また潮州同様、汕頭で食べる海鮮料理は格別の旨さ。ぜひとも汕頭の旅をご堪

汕頭

能いただけたらと思います。

                    2015 年 11 月 10 日　たきざわ旅人

## Shantou
あとがき

**参考資料**

---

汕头市政府门户网站（中国語）http://www.shantou.gov.cn/
汕头旅游局公众网（中国語）http://www.stly.gov.cn/
汕头市文化广电新闻出版局（中国語）http://www.stcp.gov.cn/
汕头市公益基金会（中国語）http://www.sttiantan.com/
汕头中山公园 - 官方网站（中国語）http://www.stzspark.com/
汕头汽车客运总公司 汕头汽车总站（中国語）http://www.stkyz.com/
［PDF］汕頭STAY（ホテル＆レストラン情報）http://machigotopub.com/pdf/shantoustay.pdf

# まちごとパブリッシングの旅行ガイド

Machigoto INDIA , Machigoto ASIA , Machigoto CHINA

## 【北インド - まちごとインド】

001 はじめての北インド
002 はじめてのデリー
003 オールド・デリー
004 ニュー・デリー
005 南デリー
012 アーグラ
013 ファテープル・シークリー
014 バラナシ
015 サールナート
022 カージュラホ
032 アムリトサル

## 【西インド - まちごとインド】

001 はじめてのラジャスタン
002 ジャイプル
003 ジョードプル
004 ジャイサルメール
005 ウダイプル
006 アジメール(プシュカル)
007 ビカネール
008 シェカワティ
011 はじめてのマハラシュトラ
012 ムンバイ
013 プネー
014 アウランガバード
015 エローラ
016 アジャンタ
021 はじめてのグジャラート
022 アーメダバード
023 ヴァドダラー(チャンパネール)

024 ブジ(カッチ地方)

## 【東インド - まちごとインド】

002 コルカタ
012 ブッダガヤ

## 【南インド - まちごとインド】

001 はじめてのタミルナードゥ
002 チェンナイ
003 カーンチプラム
004 マハーバリプラム
005 タンジャヴール
006 クンバコナムとカーヴェリー・デルタ
007 ティルチラパッリ
008 マドゥライ
009 ラーメシュワラム
010 カニャークマリ
021 はじめてのケーララ
022 ティルヴァナンタプラム
023 バックウォーター(コッラム〜アラップーザ)
024 コーチ(コーチン)
025 トリシュール

## 【ネパール - まちごとアジア】

001 はじめてのカトマンズ
002 カトマンズ
003 スワヤンブナート

004 パタン
005 バクタプル
006 ポカラ
007 ルンビニ
008 チトワン国立公園

## 【バングラデシュ - まちごとアジア】

001 はじめてのバングラデシュ
002 ダッカ
003 バゲルハット（クルナ）
004 シュンドルボン
005 プティア
006 モハスタン（ボグラ）
007 パハルプール

## 【パキスタン - まちごとアジア】

002 フンザ
003 ギルギット（KKH）
004 ラホール
005 ハラッパ
006 ムルタン

## 【イラン - まちごとアジア】

001 はじめてのイラン
002 テヘラン
003 イスファハン
004 シーラーズ
005 ペルセポリス
006 パサルガダエ（ナグシェ・ロスタム）
007 ヤズド
008 チョガ・ザンビル（アフヴァーズ）
009 タブリーズ
010 アルダビール

## 【北京 - まちごとチャイナ】

001 はじめての北京
002 故宮（天安門広場）
003 胡同と旧皇城
004 天壇と旧崇文区
005 瑠璃廠と旧宣武区
006 王府井と市街東部
007 北京動物園と市街西部
008 頤和園と西山
009 盧溝橋と周口店
010 万里の長城と明十三陵

## 【天津 - まちごとチャイナ】

001 はじめての天津
002 天津市街
003 浜海新区と市街南部
004 薊県と清東陵

## 【上海 - まちごとチャイナ】

001 はじめての上海
002 浦東新区
003 外灘と南京東路
004 淮海路と市街西部
005 虹口と市街北部
006 上海郊外（龍華・七宝・松江・嘉定）
007 水郷地帯（朱家角・周荘・同里・甪直）

## 【河北省 - まちごとチャイナ】

001 はじめての河北省
002 石家荘
003 秦皇島
004 承徳
005 張家口
006 保定
007 邯鄲

## 【江蘇省 - まちごとチャイナ】

001 はじめての江蘇省
002 はじめての蘇州
003 蘇州旧城
004 蘇州郊外と開発区
005 無錫
006 揚州
007 鎮江
008 はじめての南京
009 南京旧城
010 南京紫金山と下関
011 雨花台と南京郊外・開発区
012 徐州

## 【浙江省 - まちごとチャイナ】

001 はじめての浙江省
002 はじめての杭州
003 西湖と山林杭州
004 杭州旧城と開発区
005 紹興
006 はじめての寧波
007 寧波旧城
008 寧波郊外と開発区
009 普陀山
010 天台山
011 温州

## 【福建省 - まちごとチャイナ】

001 はじめての福建省
002 はじめての福州
003 福州旧城
004 福州郊外と開発区
005 武夷山
006 泉州
007 廈門
008 客家土楼

## 【広東省 - まちごとチャイナ】

001 はじめての広東省
002 はじめての広州
003 広州古城
004 天河と広州郊外
005 深圳(深セン)
006 東莞
007 開平(江門)
008 韶関
009 はじめての潮汕
010 潮州
011 汕頭

## 【遼寧省 - まちごとチャイナ】

001 はじめての遼寧省
002 はじめての大連
003 大連市街
004 旅順
005 金州新区

006 はじめての瀋陽
007 瀋陽故宮と旧市街
008 瀋陽駅と市街地
009 北陵と瀋陽郊外
010 撫順

## 【重慶 - まちごとチャイナ】

001 はじめての重慶
002 重慶市街
003 三峡下り（重慶〜宜昌）
004 大足

## 【香港 - まちごとチャイナ】

001 はじめての香港
002 中環と香港島北岸
003 上環と香港島南岸
004 尖沙咀と九龍市街
005 九龍城と九龍郊外
006 新界
007 ランタオ島と島嶼部

## 【マカオ - まちごとチャイナ】

001 はじめてのマカオ
002 セナド広場とマカオ中心部
003 媽閣廟とマカオ半島南部
004 東望洋山とマカオ半島北部
005 新口岸とタイパ・コロアン

## 【Juo-Mujin（電子書籍のみ）】

Juo-Mujin 香港縦横無尽
Juo-Mujin 北京縦横無尽
Juo-Mujin 上海縦横無尽

## 【自力旅游中国 Tabisuru CHINA】

001 バスに揺られて「自力で長城」
002 バスに揺られて「自力で石家荘」
003 バスに揺られて「自力で承徳」
004 船に揺られて「自力で普陀山」
005 バスに揺られて「自力で天台山」
006 バスに揺られて「自力で秦皇島」
007 バスに揺られて「自力で張家口」
008 バスに揺られて「自力で邯鄲」
009 バスに揺られて「自力で保定」
010 バスに揺られて「自力で清東陵」
011 バスに揺られて「自力で潮州」
012 バスに揺られて「自力で汕頭」
013 バスに揺られて「自力で温州」

【車輪はつばさ】
南インドのアイラヴァテシュワラ寺院には建築本体に車輪がついていて寺院に乗った神さまが人びとの想いを運ぶと言います。

・本書はオンデマンド印刷で作成されています。
・本書の内容に関するご意見、お問い合わせは、発行元の
　まちごとパブリッシング info@machigotopub.com までお願いします。

Tabisuru CHINA 012
### バスに揺られて「自力で汕頭」
～自力旅游中国［モノクロノートブック版］

2017年11月14日　発行

| | |
|---|---|
| 著　者 | 「アジア城市（まち）案内」制作委員会 |
| 発行者 | 赤松　耕次 |
| 発行所 | まちごとパブリッシング株式会社 |
| | 〒181-0013　東京都三鷹市下連雀4-4-36 |
| | URL http://www.machigotopub.com/ |
| 発売元 | 株式会社デジタルパブリッシングサービス |
| | 〒162-0812　東京都新宿区西五軒町11-13 |
| | 清水ビル3F |
| 印刷・製本 | 株式会社デジタルパブリッシングサービス |
| | URL http://www.d-pub.co.jp/ |

MP182

ISBN978-4-86143-316-0 C0326　　　Printed in Japan
本書の無断複製複写（コピー）は、著作権法上での例外を除き、禁じられています。